PAX ÆTERNA

Pax Æterna

Ensaio sobre o sujeito atômico

Gustavo Bertoche

Cogitamus
Teresópolis, RJ
2023

O texto deste livro NÃO SEGUE
o novo acordo ortográfico.

Bertoche, Gustavo
Pax Aeterna : ensaio sobre o sujeito atômico / Gustavo Bertoche. -- 1. ed. -- Teresópolis, RJ : Cogitamus Editora, 2023.

ISBN 978-85-54165-03-1

1. Ensaios filosóficos 2. Metafísica I. Título.

23-156983 CDD-102

Índices para catálogo sistemático:

1. Ensaios filosóficos 102

Aline Graziele Benitez - Bibliotecária - CRB-1/3129

C’est dans la rêverie que nous
sommes des êtres libres.

(Gaston Bachelard)

PAX ÆTERNA

Ensaio sobre o sujeito atômico

1. Na transição entre a metafísica escolástica e a metafísica propriamente moderna é notável o desaparecimento abrupto da fundamentação no poder da autoridade intelectual – da autoridade de Platão, de Aristóteles, das Escrituras ou da Patrística – e o surgimento repentino do propósito de fundamentar a investigação a partir de um princípio imediato e auto-referente – seja a razão que fundamenta a si própria, seja a experiência que fornece a si mesma os elementos

para a compreensão do sujeito cognoscente. A filosofia moderna, efetivamente, nasce junto ao fundacionalismo – isto é: à exigência que o pensamento coloca a si para que explicite as condições de possibilidade da sua própria existência. Em outras palavras: retornando a um tema caro aos pensadores originários, todavia em outro diapasão (não mais o da φύσις, mas o da ἐπιστήμη), a filosofia moderna tem início quando os filósofos determinam que toda filosofia deve justificar, interna e coerentemente, a sua possibilidade, e que a razão cognoscente precisa delimitar as suas condições, o seu modo de conhecer e os seus limites. A filosofia moderna estrutura-se sobre a epistemologia radical: é a profundidade dos alicerces epistemológicos que permite o soerguimento dos sistemas filosóficos da Modernidade.

2. A filosofia escolástica volta-se para o homem como criatura, porém uma criatura que é uma imagem do Criador (pois "Disse Deus: 'Façamos o homem à nossa imagem e semelhança'", como lemos em Gn 1:26) – e vice-versa, num jogo de espelhos em que ambos são e não são o mesmo –, uma criatura que habita o centro do mundo[1], uma

[1] É notável como o modelo de Claudio Ptolomeu, que, no século I AD, sistematiza a cosmologia grega, fornece um substrato cosmológico e simbólico formidável à Cristandade: num cosmos de formato esférico e fechado, a Terra, completamente esférica, situa-se próxima ao ponto central em que todos os astros, com a exceção da Terra, giram. Isso significa que o cosmos é geocêntrico; mas esse geocentrismo é, de fato, um antropocentrismo, pois é a partir da visão do homem que o cosmos se revela; e é igualmente um

criatura cuja existência está ligada necessariamente à de Deus e que é incompreensível fora da dialética criatura-Criador. A filosofia moderna, por sua vez, progressivamente desloca tanto a posição do Criador quanto a da criatura: de fundamento metafísico da realidade, Deus é tornado, com Descartes, simples fiador das certezas epistemológicas; com Locke, é tido quase como um aristotélico primeiro motor; com Espinoza, é imanentizado na natureza; com Kant, é reduzido a uma idéia moralmente útil. No complexo cosmológico-simbólico medieval, Deus – como manifestação não somente *entre os homens*, mas também *no interior dos homens* (como quer Agostinho[2]) – ocupa o centro do Cosmos (ao passo que o Céu religioso espalhava-se fora da esfera das

---

teocentrismo, pois é como homem, no lugar de dignidade do centro de tudo, no lugar de domínio visual de todo o cosmos, que nasceu o Menino Deus. A Terra, o homem, o Filho de Deus, ocupam, no sistema simbólico da cosmologia ptolomaica (que foi efectivamente a cosmologia-padrão na Idade Média) exactamente o mesmo lugar: o lugar de onde todos os astros são visíveis e, por que não?, visualmente controlados, num *panopticon* metafísico *avant la lettre*.

[2] "Sero te amavi, pulchritudo tam antiqua et tam nova, sero te amavi! Et ecce intus eras et ego foris et ibi te quaerebam et in ista formosa, quae fecisti, deformis irruebam. Mecum eras, et tecum non eram. Ea me tenebant longe a te, quae si in te non essent, non essent. Vocasti et clamasti et rupisti surdidatem meam, coruscasti, splenduisti et fugasti caecitatem meam; fragrasti, et duxi spiritum et anhelo tibi, gustavi, et esurio et sitio, tetigisti me, et exarsi in pacem tuam". (Agostinho, *Confessiones. Bekenntnisse*, p. 480 [X 27.38]). E também: "Recognosce igitur quae sit summa convenientia: noli foras ire, in te ipsum redi, in interiore homine habitat veritas: et si tuam naturam mutabilem inveneris, transcende et te ipsum. Sed memento cum te transcendis, ratiocinantem animam te transcendere. Illuc ergo tende, unde ipsum lumen rationis accenditur". (Agostinho, *De Magistro. De Vera Religione*, p. 264 [VI, 39, 72]). Todas as traduções presentes neste ensaio são minhas.

estrelas fixas, que circunscrevia a totalidade do Mundo), e também o centro de todas as investigações realizadas pelo homem (pois conhecer o Mundo é conhecer o Criador por sua obra); porém, no complexo cosmológico-simbólico pós-copernicano (lembremos que o *De Revolutionibus* foi publicado em 1543) Deus já não mais habita o mesmo lugar que o homem – um homem deslocado do centro do Mundo para um ponto móvel e espacialmente irrelevante. Deus habita, após Copérnico, um Céu metafórico e desespacializado, diferente do céu dos astrônomos, e torna-se um conceito instrumental utilizado como uma peça *ad hoc* que possibilita encaixe de conjuntos lógicos que, de outro modo, seriam incompatíveis no interior de um sistema filosófico.

3. O homem, por outro lado, adquire, no pensamento moderno, o estatuto de criador: primeiro, criador de si mesmo; depois, criador da própria realidade percebida. Com Pico della Mirandola, figura central do *Quattrocento*, temos um exemplo claro desse deslocamento do sujeito na transição entre a Escolástica e a Modernidade. No discurso de Deus ao homem, Pico della Mirandola faz o Criador transmitir à criatura o poder da criação – ao menos, da criação de si mesmo e da determinação do propósito e dos sentidos da sua existência:

> Não te demos, ó Adão, nem lugar determinado, nem aspecto próprio, nem múnus peculiar, para que o lugar, o aspecto e o múnus que escolheres, tenha e possua como teus, de acordo com o teu desejo e a tua vontade. A natureza bem definida dos outros seres está prescrita nas leis que estabelecemos. Tu, que não estás coagido por nenhum limite, estabelecerás, nas mãos que te demos, a tua natureza, pelo teu próprio arbítrio. No centro do mundo te pusemos, para que possas melhor observar tudo o que há no mundo. Nem celeste, nem terreno, nem mortal, nem imortal te fizemos, de modo que tu, quase que um escultor e modelador voluntário e honorário de ti mesmo, possas formar-te como preferires. Poderás degenerar-te em seres inferiores, bestiais; ou poderás, de acordo com a determinação da tua alma, regenerar-te em seres superiores, divinos.[3]

De criatura moldada por Deus, fadada a procurar, incessantemente, o sentido a si dado pelo Criador, o homem passa a ser compreendido como criador de si mesmo, e

---

[3] "Nec certam sedem, nec propriam faciem, nec munus ullum peculiare tibi dedimus, o Adam, ut quam sedem, quam faciem, quae munera tute optaveris, ea pro voto, pro tua sententia habeas et possideas. Definita caeteris natura intra praescriptas a nobis leges cohercetur. Tu, nullis angustiis cohercitus, pro tuo arbitrio, in cuius manu te posui, tibi illam prefinies. Medium te mundi posui, ut circumspiceres inde comodius quicquid est in mundo. Nec te celestem neque terrenum, neque mortalem neque immortalem fecimus, ut, tui ipsius quasi arbitrarius honorariusque plastes et fictor, in quam malueris tute formam effingas. Poteris in inferiora, quae sunt bruta, degenerare; poteris in superiora, quae sunt divina, ex tui animi sententia regenerari". (Pico della Mirandola, *Discorso sulla dignità delluomo*, p. 10 [18-23]).

como o criador do sentido da sua existência. O homem é, agora, dotado de um sentido *autopoiético*: ele compreende-se como inventor de si mesmo. A partir dessa revolução antropológica, já não se deve, necessariamente, perguntar "o que Deus deseja que eu faça?", mas "o que devo fazer?"; se no Medievo, a partir de Agostinho, a liberdade humana é concebida como a liberdade de decidir não pecar (pois o homem, sem a liberdade, viveria como um escravo do pecado), a partir do século XV a liberdade humana torna-se a liberdade de criar os seus caminhos e os seus valores; a liberdade avança inclusive sobre o domínio das relações entre o homem e Deus – o que torna possível, a partir da Reforma, a criação de uma quantidade indeterminada de novos caminhos religiosos a partir das circunstâncias específicas de cada homem de fé. O surgimento de diversas denominações protestantes no interior da Cristandade, a partir do século XVI, pode ser entendido como um fenômeno cujas causas estão no deslocamento do lugar do homem no complexo cosmológico-simbólico da Modernidade.

4. A virada antropológica na qual o homem deixa de pensar em si como simples criatura e passa a compreender-se como criador do sentido da sua existência aprofunda-se com o desenvolvimento da moderna metafísica do sujeito. O projeto do fundacionalismo epistemológico radical foi

inaugurado com Descartes. De fato, embora Descartes não tenha criado o *Cogito*, que já se encontra, de algum modo, antecipado em Agostinho[4] em Francisco Sanchez[5], é somente na filosofia cartesiana que a certeza lógica da impossibilidade da não-existência do sujeito, dada imediatamente a cada vez que se questiona a sua própria existência, foi tomada como explícito fundamento lógico de um sistema metafísico. Em outras palavras: em Agostinho, em Francisco Sanchez, o *Cogito* não tem um caráter fundacional, nem é a certeza auto-evidente a partir de qual todos os outros conhecimentos – inclusive o conhecimento da necessidade da existência de Deus, por meio do argumento da causa pelos efeitos e do argumento ontológico – se derivam por necessidade lógica numa dedução geométrica. É com Descartes que a demonstração da impossibilidade da não-existência da *res cogitans*, no momento em que o ser pensante pensa, torna-se o pilar a partir do qual a compreensão de toda a realidade

[4] "Nulla in his ueris Academicorum argumenta formido dicentium: Quid si falleris? Si enim fallor, sum. Nam qui non est, utique nec falli potest; ac per hoc sum, si fallor. Quiargo sum si fallor, quo modo esse me fallor, quando certum est me esse, si fallor? Quia igitur essem qui fallerer, etiamsi fallerer, procul dubio in eo, quod me noui esse, non fallor". (Agostinho, *De Civitate Dei*. Liber XI, XXVI).

[5] "Ad me proinde memetipsum retuli; omniaque in dubium reuocans, ac si a quopiam nil unquam dictum, res ipsas examinare coepi; qui verus est sciendi modus. Resoluebam usque ad extrema principia. Inde initium contemplationis faciens, quo magis cogito magis dubito: nil perfecte complecti possum." (Francisco Sanchez, *Tutte le Opere Filosofiche*, p. 9).

se sustenta. Ou: toda e qualquer certeza tem no exercício do pensamento sobre o próprio pensamento a sua condição fundamental; sem o pensamento que pensa a si mesmo não se pode obter nenhuma certeza clara e evidente – nem sobre a *res extensa*, nem sobre a *res cogitans*. É no interior do pensamento, e não em Deus, que está o critério de verdade com o qual o homem age no mundo – porque o próprio Deus (e também o mundo) somente pode ser conhecido como idéia no pensamento, ainda que a partir de critérios inatos que têm origem divina: conquanto segundo o tempo a existência de Deus anteceda a existência do pensamento humano, segundo a lógica o pensamento antecede a certeza da existência de Deus, que jamais pode ser demonstrada senão pelo próprio pensamento.

5. Para Descartes, tudo de que somos cônscios, no interior de nós, constitui o conjunto do pensamento: o pensamento consiste na totalidade dos objetos dados imediatamente à consciência:

> Pelo termo pensamento entendo tudo o que está em nós de tal modo que disso somos imediatamente cônscios. Assim, todas as operações

> da vontade, do intelecto, da imaginação e dos sentidos são pensamentos. Contudo, [...] o movimento voluntário tem o pensamento como princípio, mas não é o pensamento em si.[6]

A idéia, por sua vez, é uma forma específica do pensamento; quando pensamos, pensamos idéias:

> Pelo termo idéia eu entendo a forma de qualquer pensamento por cuja percepção imediata sou cônscio do mesmo pensamento.[7]

E ainda:

> Alguns [de meus pensamentos] são imagens de coisas, e a esses convém propriamente o nome idéia; como quando penso em um homem, uma Quimera, o Céu, um Anjo, ou Deus.[8]

---

[6] "Cogitationis nomine complector illud omne quod sic in nobis est ut ejus immediate conscii simus. Ita omnes voluntatis, intellectus, imaginationis, et sensuum operationes sunt cogitationes. Sed [...] motus voluntarius cogitationem quidem pro principio habet, sed ipse tamen non est cogitatio". (Descartes, *Rationes Dei.* II, Objetiones, Definition I).

[7] "Ideae nomine intelligo cujuslibet cogitationis formam illam, per cujus immediatam perceptionem ipsius ejusdem cogitationis conscius sum". (*Id., Responsio ad II Objetiones*, Def. II).

[8] "Quaedam ex his tanquam rerum imagines sunt, quibus solis proprie convenit ideae nomen, ut cum hominem, vel Chimaeram, vel

Em suma: para Descartes, não pensamos na realidade fora do homem; pensar é pensar idéias, e não há, no plano do pensar, distinção essencial entre idéias de coisas que se nos dão por meio da experiência e idéias que criamos pela nossa faculdade imaginativa. Tudo o que pode ser pensado (e, por conseguinte, tudo o que pode ser conhecido), pode ser pensado (e conhecido) somente como idéia. Para transpormos o domínio da idéia, para chegarmos no real fora do pensamento, é preciso acrescentar ao sistema uma idéia *ad hoc* especial: a idéia de um Deus perfeito, fiador das nossas idéias derivadas da sensação. Assim, sem a figura de um Deus que não somente derrube o argumento do Génio Maligno, mas também garanta a confiança no conhecimento verdadeiro sobre as coisas extensas, a epistemologia de Descartes seria um racionalismo idealista – isto é: um racionalismo em que as idéias são tomadas como o único objeto cognoscível, e em que conhecer é conhecer idéias; é a idéia do Deus-fiador que transforma a epistemologia cartesiana num racionalismo realista, um racionalismo em que se visa a conhecer aquilo a que as idéias se referem, ou seja: a realidade externa à mente, a *res extensa*.

Coelum, vel Angelum, vel Deum cogito". (Descartes, *Meditationes*, III, 36, p. 37).

6. Contra o inatismo da epistemologia cartesiana[9], John Locke publica, em 1689, *An Essay Concerning Human Understanding*. Já no Livro I do *Essay*, Locke argumenta contra a noção de que existam idéias inatas. Para ele, todas as idéias derivam das impressões sensoriais: a nossa capacidade de diferenciar as cores, ou os sabores, devem-se à exposição dos nossos sentidos a objetos que os estimulam. Não há, para Locke, nem conhecimentos, nem princípios morais inatos:

> Mas se, na verdade, houvesse tais princípios inatos, não haveria a necessidade de ensiná-los. Se os homens encontrassem tais proposições inatas estampadas em suas mentes, seriam facilmente capazes de distingui-las de outras verdades, posteriormente aprendidas e delas deduzidas; e nada seria mais fácil do que saber quais e quantas seriam [as tais proposições inatas]. Não poderia haver mais dúvida sobre o seu número, do que há dúvida sobre o número de nossos dedos; e sendo assim, tudo se passaria como se o sistema moral se oferecesse num relato. Contudo, como ninguém, que eu saiba, se aventurou ainda a dar um catálogo desses princípios inatos, ninguém pode ser acusado por duvidar da sua existência, já que mesmo quem requer que os homens creiam que existam essas proposições inatas não nos dizem o que elas são. É portanto fácil prever que se diferentes homens, de diferentes

[9] Frank Tilly argumenta convincentemente que o adversário de Locke no *Essay* é, de fato, Descartes e o inatismo.

> seitas, nos dessem uma lista desses princípios práticos inatos, eles estabeleceriam somente os que se adequassem às suas próprias hipóteses, e estariam de acordo com as doutrinas de suas escolas ou igrejas particulares: uma evidência clara de que não existem tais verdades inatas.[10]

O Livro II do *Essay*, em que Locke estabelece a sua teoria epistemológica, apresenta logo no segundo parágrafo a famosa analogia da mente como um *papel em branco* preenchido por meio da experiência:

> Suponhamos então que a mente seja, como se diz, um papel em branco, vazio de todos os caracteres, sem quaisquer idéias; como ela é preenchida? De onde vem aquele vasto depositório pintado, com uma quase infinita variedade, pela ativa e sem limites fantasia do homem? De onde vêm todos os

[10] "But in truth, were there any such innate principles, there would be no need to teach them. Did men find such innate propositions stamped on their minds, they would easily be able to distinguish them from other truths, that they afterwards learned, and deduced from them; and there would be nothing more easy, than to know what, and how many they were. There could be no more doubt about their number, than there is about the number of our fingers; and 'tis like then, every system would be ready to give them us by tale. But since nobody, that I know, has ventured yet to give a catalogue of them, they cannot blame those who doubt of these innate principles; since even they who require men to believe, that there are such innate propositions, do not tell us what they are. 'Tis easy to foresee, that if different men of different sects should go about to give us a list of those innate practical principles, they would set down only such as suited their distinct hypothesis, and were fit to support the doctrines of their particular schools or churches: a plain evidence, that there are no such innate truths". (John Locke, *An Essay Concerning Human Understandig*, Livro I, Cap. III, 14, pp. 83-84).

> materiais da razão e do conhecimento? A isto respondo com uma palavra: da experiência; nela, todo o nosso conhecimento é fundado; em última instância, todo ele dela deriva. É a nossa observação empregada quer sobre os objetos sensíveis externos, quer sobre as operações interna da nossa mente, que fornece ao nosso entendimento todos os materiais do pensamento. Essas duas [a sensação e a reflexão] são as fontes do conhecimento, de onde todas as idéias que temos, ou que naturalmente podemos ter, brotam.[11]

Isso significa que, para Locke, há duas fontes das idéias: a sensação e a reflexão. A mente, que acessa unicamente idéias, não tem contato direto com a realidade externa. Os sentidos "transmitem, a partir dos objetos externos, o que lá [na mente] produz aquelas *percepções*"[12]; ao fazê-lo, as sensações obtidas dos sentidos fazem surgir, na mente, idéias. O que são, todavia, as idéias? Para Locke, as idéias

---

[11] "Let us then suppose the mind to be, as we say, white paper, void of all characters, without any ideas; how comes it to be furnished? Whence comes it by that vast store, which the busy and boundless fancy of man has painted on it, with an almost endless variety? Whence has it all the materials of reason and knowledge? To this I answer, in one word, from experience: in that, all our knowledge is founded; and from that it ultimately derives itself. Our observation employed either about external sensible objets; or about the internal operations of our minds, perceived and reflected on by ourselves, is that, which supplies our understandings with all the materials of thinking. These two are the fountains of knowledge, from whence all the ideas we have, or can naturally have, do spring". (John Locke, *An Essay in Human Understanding*, Livro II, Cap. I, 2, p. 109).

[12] "they from external objets convey into the mind what produces there those *perceptions*" (*Ibid.*, Livro II, Cap. I, 3, p. 110).

são o próprio objeto do entendimento, seja que objeto for: a idéia é o que é pensável, e é o que constitui os próprios pensamentos. O termo "idéia", na filosofia de Locke,

> é o que melhor representa qualquer que seja o objeto do entendimento, quando um homem pensa; eu usei [o termo "idéia"] para expressar o que quer que seja entendido por *fantasma*, *noção*, *espécie*, ou o que quer que seja que a mente empregue ao pensar.[13]

As idéias podem ser simples (como "vermelho", "doce", "redondo"), isto é: obtidas diretamente dos sentidos, ou complexas (como os números, a causalidade, as idéias abstratas, a idéia de identidade e de diversidade): constituídas pela mente a partir da combinação das idéias simples. De qualquer modo, não há idéias derivadas diretamente dos objetos experimentados pelos sentidos: o caminho entre a coisa e a mente é sempre indireto – o que é conhecido é sempre a idéia, seja a que deriva das impressões dos sentidos, seja a que deriva da reflexão.

7. A mente, segundo Locke, recebe passivamente as

---

[13] "serves best to stand for whatsoever is the objet of the understanding, when a man thinks, I have used it to express whatever is meant by phantasm, notion, species, or whatever it is, which the mind can be employed about in thinking". (John Locke, *An Essay in Human Understanding.*, Livro I, Cap. I, 8, p. 59).

impressões e ativamente combina-as, relaciona-as ou separa-as por abstração[14]. Cada mente realiza esse processo de modo diferente – porque há infinitos modos de combinar as idéias: "a mente tem um grande poder de variar e de multiplicar os objetos dos seus pensamentos, infinitamente mais além do que lhe é proporcionado pela sensação ou pela reflexão"[15]. A infinitude do conhecimento, constituído pelas disposições particulares de cada mente, tem como conseqüência a variação do conhecimento de indivíduo para indivíduo, singularizado, de acordo com as suas idiossincrasias. A análise da mente empreendida por Locke produz um entendimento radicalmente fragmentado e atomizado do conhecimento: cada pessoa conhece de um modo. As idiossincrasias de um indivíduo são antes relativas ao costume que à natureza: "o costume é um poder maior que a natureza"[16]. Em outras palavras: Locke é um empirista (pois, para ele, dos sentidos derivam todas as idéias); todavia, no empirismo lockeano, tudo o que pode ser conhecido é idéia; o seu empirismo é, portanto, também um idealismo – um idealismo no qual as idéias são combinadas, relacionadas e

---

[14] John Locke, *An Essay in Human Understanding*, Livro II, Cap. XII, 1, p. 159.

[15] *Ibid.*, Livro II, Cap. XII, 1, p. 159.

[16] "custom, a greater power than nature". (*Ibid.*, Livro I, Cap. III, 25, p. 89).

separadas de acordo com critérios que variam de homem para homem.

8. Neste sentido, o indivíduo cognoscente é um sujeito atômico e autorreferente: se tudo o que pode ser conhecido é a idéia, e a idéia não é senão uma representação mediada das sensações, que são, por sua vez, já internas, então o conhecimento é sempre o conhecimento interno. Locke não obtém expressamente esse corolário a partir das premissas do empirismo; George Berkeley o faz. Para Berkeley, se o indivíduo é um átomo auto-referente, no qual tudo se dá no pensamento, no qual tudo o que se percebe, se percebe como idéia, então para que algo exista como objeto, deve existir como percebido: *esse est percipi*. Como diz Berkeley:

> Todos concederão que nem os nossos pensamentos, as nossas paixões, ou as nossas idéias formadas pela imaginação existem sem a mente. E não parece menos evidente que as variadas sensações ou idéias impressas nos sentidos, por mais misturadas ou combinadas (isto é: quaisquer objetos que elas componham), somente possam existir em uma mente que as perceba. Penso que um conhecimento intuitivo disso pode ser obtido por qualquer um que compreenda o que o que significa o termo "existir" quando

aplicado a coisas sensíveis. Digo que o quadro em que escrevo existe, ou seja: eu o vejo e sinto; se eu estivesse fora de meu escritório, deveria dizer que o quadro existia, significando assim que se eu lá estivesse, eu poderia percebê-lo, ou que algum outro espírito o percebe em ato. Havia um odor, então ele foi sentido; havia um som, então ele foi ouvido; havia uma cor ou uma figura, então foi percebido pela visão ou pelo tato. Isso é tudo que eu posso entender por estas e outras expressões semelhantes. Pois quanto ao que se diz da existência absoluta de coisas não pensantes sem nenhuma relação com o seu ser percebido, trata-se de algo que parece perfeitamente ininteligível. Seu *esse* é *percipi*, e não é possível que eles tenham qualquer existência fora da mente ou do pensamento que os percebem.[17]

[17] "That neither our thoughts, nor passions, nor ideas formed by the imagination, exist without the mind, is what everybody will allow. And it seems no less evident that the various sensations or ideas imprinted on the sense, however blended or combined together (that is, whatever objets they compose) cannot exist otherwise than in a mind perceiving them. I think an intuitive knowledge may be obtained of this, by anyone that shall attend to what is meant by the term exist when applied to sensible things. The table I write on, I say, exists, that is, I see and feel it; and if I were out of my study I should say it existed, meaning thereby that if I was in my study I might perceive it, or that some other spirit actually does perceive it. There was an odour, that is, it was smelled; there was a sound, that is to say, it was heard; a colour or figure, and it was perceived by sight or touch. This is all that I can understand by these and the like expressions. For as to what is said of the absolute existence of unthinking things without any relation to their being perceived, that seems perfectly unintelligible. Their *esse* is *percipi*, nor is it possible they should have any existence, out of the minds or thinking things which perceive them". (George Berkeley, *Principles of Human Knowledge and Three Dialogues*, p. 25).

Deste modo, o empirismo é, também, um certo tipo de idealismo – um idealismo subjetivista que aponta mesmo à direção de um solipsismo no qual *o mundo é minha idéia*. Ao contrário de Locke, Berkeley enfrenta as conseqüências últimas do empirismo e estabelece a indissociabilidade entre a existência e a percepção em ato. Ora, para contornar a inevitável aberração metafísica de objetos alterando o seu estatuto de existência a cada instante em que deixam de ser vistos por ser vivo, Berkeley, à Descartes, apela a um Deus fiador – não mais, todavia, um fiador epistemológico das verdades claras e distintas, porém um fiador ontológico: Deus é o ser que, puro espírito, infinito e eterno, percebe tudo, o tempo todo, e com isso garante a permanência de tudo o que há em toda a realidade, mesmo quando ser vivo está a perceber o que lá está. Isso significa que o conceito de Deus – um certo conceito de Deus, seja o Deus sumamente poderoso e moralmente bom de Descartes, seja o Deus infinito que tudo percebe de Berkeley – é instrumentalmente indispensável ao racionalismo e ao empirismo: sem essa peça *ad hoc*, tanto a máquina do fundacionalismo racionalista quanto a do fundacionalismo empirista encerram-se num solipsismo no qual não somente todo o conhecimento possível *deriva* da experiência da subjetividade, mas nela *encerra-*

se, sem que se possa ir do *eu* ao *mundo*, porque *o próprio mundo é uma idéia em mim*.

9. Na epistemologia de Locke, todavia, Deus não possui um papel central; embora Locke siga um raciocínio de inspiração aristotélica para sustentar a existência divina, dela não extrai nenhuma proposição particularmente importante para a sua teoria do conhecimento. Assim Locke demonstra, entre os parágrafos 3 e 6 do Livro IV do *Essay*, a necessidade da existência de Deus: se o mundo existe, então existe a partir de algum momento; e se ele existe a partir de algum momento, deve ter sido produzido por algum ser preexistente e eterno. Dado que o que se origina necessariamente estava contido naquilo que lhe é originário, então todos os poderes que existem no mundo estavam anteriormente contidos naquele ser criador. Como o homem é capaz de percepção e de conhecimento, isto é, de pensamento, necessariamente um ser eterno e pensante deve existir:

> a nossa razão nos leva a ao conhecimento dessa verdade certa e evidente, de que 'há um ser eterno, onisciente e todo-poderoso', a que qualquer um poderá chamar Deus, se não se importar.[18]

[18] "our reason leads us to the knowledge of this certain and evident truth, that 'there is an eternal, most powerful, and most knowing being'; which whether anyone will please to call God, it matters not". (John Locke, *An Essay in Human Understanding*, Livro IV, Cap. X, 6, p. 549).

Esse Deus, entretanto, não é o Deus dos cristãos: é um *Deus dos filósofos*, e conseqüentemente da demonstração de sua necessidade não deriva nem conseqüência epistemológica, nem obrigação religiosa ou moral. Não se trata de um Deus bom, nem de um Deus que deseja que conheçamos a verdade, nem de um Deus que de nós exige rituais e sacrifícios: embora Locke conceba Deus como um ser logicamente necessário, as instituições religiosas não o são – e dependem unicamente da atitude de crença.

10. A recusa lockeana de qualquer critério inato de verdade ou de valor moral, e a afirmação de que cada indivíduo combina, relaciona e separa as suas idéias de modo particular e idiossincrático[19], somente pode conduzir a uma forma de cepticismo político – ou seja: a uma desconfiança na possibilidade de um Legislador criar um sistema político

[19] "If our knowledge were altogether necessary, all men's knowledge would not only be alike, but every man would know all that is knowable: and if it were wholly voluntary, some men so little regard or value it, that they would have extreme little or none at all. Men that have senses cannot choose but receive some ideas by them; and if they have memory, they cannot but retain some of them; and if they have any distinguishing faculty, cannot but perceive the agreement or disagreement of some of them one with another: as he that has eyes, if he will open them by day, cannot but see some objets, and perceive a difference in them. But though a man with his eyes open in the light cannot but see, yet there be certain objets, which he may choose whether he will turn his eyes to; there may be in his reach a book containing pictures and discourses, capable to delight or instruct him, which yet he may never have the will to open, never take the pains to look into." (John Locke, *An Essay in Human Understanding*, Livro IV, Cap. XIII, 1, p. 574).

bem ordenado e bem regulado *a priori*. Afinal, se não há nem disposições individuais, nem critérios morais, nem verdades universais, então é impossível estabelecer uma organização política detalhadamente bem concebida – a não ser que nela haja espaço para quaisquer, ou quase quaisquer, concepções de verdade e de valores morais. Isto é: uma ordem política aberta, cuja característica essencial seja a *tolerância*. Para Locke, de fato, uma comunidade política consiste num conjunto de indivíduos que, ao procurarem a satisfação dos seus interesses – tanto os interesses da preservação da vida, da liberdade, da saúde e do bem-estar corporal, quanto os da manutenção dos bens econômicos –, quaisquer que sejam as suas crenças filosóficas ou religiosas (desde que a religião não se sobreponha ao poder civil, como Locke considera que faz o Catolicismo, e desde que não se seja ateu – pois para ele os ateus são indignos de confiança). É por isso que Locke recusava, na *Letter Concerning Toleration*, a idéia de que o Estado deveria se preocupar com a questão da salvação das almas:

> A comunidade política parece-me ser uma sociedade de homens constituída somente para a aquisição, a preservação e o avanço de seus próprios interesses civis. De interesses civis eu chamo a vida, a liberdade, a saúde e o bem-estar corporal; e a posse de coisas externas, tais como dinheiro, terras, casas, móveis e afins. É dever do magistrado

civil, pela execução imparcial de leis igualitárias, assegurar a todo o povo em geral, e a cada um de seus sujeitos em particular, a justa posse dessas coisas pertencentes a esta vida. Se alguém intenta em violar as Leis de justiça pública e da equidade, estabelecidas para a preservação destas coisas, a sua intenção deve ser contrabalançada pelo medo da punição, que consiste na privação ou diminuição desses interesses civis, ou bens, de que de outra maneira ele poderia e deveria desfrutar. Visto que nenhum homem deseja voluntariamente ser punido pela privação de qualquer parte de seus bens, e muito menos de sua liberdade ou vida, o magistrado está então armado com a força e a capacidade de todos os indivíduos, a fim de punir aqueles que violam quaisquer direitos do homem. Dado que toda a jurisdição do magistrado chega apenas a estes acordos civis; e que todo poder civil, todo Direito e todo domínio está limitado e restrito ao único propósito de promover essas coisas; e que não pode nem deve de forma alguma ser estendido à salvação das almas... [20]

---

[20] "The Commonwealth seems to me to be a Society of Men constituted only for the procuring, preserving, and advancing of their own Civil Interests. Civil Interests I call Life, Liberty, Health, and Indolency of Body; and the Possession of outward things, such as Money, Lands, Houses, Furniture, and the like. It is the Duty of the Civil Magistrate, by the impartial Execution of equal Laws, to secure unto all the People in general, and to every one of his Subjets in particular, the just Possession of these things belonging to this Life. If any one presume to violate the Laws of Publick Justice and Equity, established for the Preservation of these things, his Presumption is to be check'd by the fear of Punishment, consisting in the Deprivation or Diminution of those Civil Interests, or Goods, which otherwise he might and ought to enjoy. But seeing no Man does willingly suffer himself to be punished by the Deprivation of any part of his Goods, and much less of his Liberty or Life, therefore is the Magistrate armed with the Force and Strength of all his Subjets, in order to the punishment of those that violate any other Man's Rights. Now that the whole Jurisdiction of the Magistrate reaches only to these civil

A função do Estado é, para Locke, simplesmente estabelecer as condições nas quais seja possível a todos os indivíduos a realização das suas metas, a partir das suas percepções, inclinações e aspirações. É a partir do sujeito que não somente toda a possibilidade do conhecimento se configura, mas também a noção do Estado, de um certo Estado compatível com a indeterminação *a priori* e com a *autopoiesis* do homem; em outras palavras, um Estado em que o homem possa, a partir dos seus interesses particulares, se associar com outros homens, igualmente em busca da realização de seus interesses particulares, e construir uma ordem jurídica aberta que garanta a cada um o direito de viver como queira, com as idéias que julgue as mais adequadas, de acordo com a "liberdade de seguir a minha própria vontade em todas as coisas, onde a lei nada prescreva"[21]. Esse é o programa liberal essencial – um programa que consiste na ausência de um programa que, como diz Voegelin, pode ser melhor definido negativamente, pelo que o caracteriza por oposição, do que pelo que se caracteriza positivamente: "o

---

Concernments; and that all Civil Power, Right, and Dominion, is bounded and confined to the only care of promoting these things; and that it neither can nor ought in any manner to be extended to the Salvation of Souls...". (John Locke, *A Letter Concerning Toleration and Other Writings,* p. 12-13).

[21] "A Liberty to follow my own Will in all things, where the Rule prescribes not". (*Id., Two Treatises of Government*, Second Treatise, IV, 22, p. 284).

liberalismo não é um fenômeno independente; a sua essência somente pode ser adequadamente descrita em termos de sua confrontação com outros fenômenos"[22].

11. Logo no início do *Second Treatise of Government*, Locke estabelece o princípio do seu contratualismo jusnaturalista – rejeitando, de início, não somente o argumento da autoridade divina dos reis, reduzida a pó no *First Treatise*, mas também qualquer orientação de natureza religiosa, ao organizar os elementos necessários para a compreensão do poder político e para a subseqüente construção da estrutura conceitual de um Estado adequado a uma humanidade plural:

> para compreender o poder político corretamente, e derivá-lo de sua origem, precisamos considerar o estado em que todos os homens naturalmente se encontram, isto é, um *estado de perfeita liberdade* para ordenar as suas ações e dispor de suas posses e pessoas como lhes aprouver, dentro dos limites da Lei da Natureza, sem que nada peça ou nada dependa da vontade de outro homem.[23]

[22] "liberalism is no independent phenomenon; its essence can be adequately described only in terms of its confrontation with other phenomena". (Eric Voegelin, Liberalism and its History. In: *The Review of Politics*, 36(4), 504-520, p. 505).

[23] "To understand Political Power right, and derive it from its Original, we must consider what State all Men are naturally in, and that is, a *State of perfect Freedom* to order their Actions, and dispose of their

Locke parte da "lei da natureza", não da tradição ou das Escrituras, para pensar o Estado político: sua fundamentação das bases do Estado parte da percepção humana – de suas necessidades e de seu lugar na ordem do mundo natural. Essa percepção parte de uma experiência ao mesmo tempo simples e imediata: a experiência de evitar, a todo o custo, a morte, a perda da saúde, a perda da liberdade, a perda dos bens. "Cada um [...] é *obrigado a se preservar*"[24]. Com essa finalidade, cada um é também o juiz e o executor da lei natural: o direito natural é todo derivado do direito inalienável (porque inevitável) de lutar pela sua permanência no mundo. É o interesse próprio, o interesse de preservar a si mesmo, que conduz os indivíduos ao contrato social, no qual todos permanecem detentores de todos os seus direitos, exceto o de fazer justiça com as próprias mãos, o direito de se constituir o juiz e o executor da lei natural; devido aos interesses conflitantes e divergentes de todos os homens, o contrato social organiza uma unidade política que a todos beneficia, ao assegurar-lhes simultaneamente a segurança física (dado que torna-se mais improvável o evento de um

---

Possessions, and Persons as they think fit, within the bounds of the Law of Nature, without asking leave, or depending upon the Will of any Other Man. (John Locke, *Two Treatises of Government*, Second Treatise, II, 4, p. 269).

[24] "Every one [...] is *bound to preserve himself*". (*Ibid*, Second Treatise, II, 6, p. 271).

"estado de guerra", que é o avanço de um ou mais indivíduos contra o direito natural de outrem) e as vantagens da impessoalidade jurídica.

12. A busca da manutenção da vida, da saúde, da liberdade, das propriedades materiais constitui, para Locke, a lei natural fundamental – que pode ser sintetizada sob a fórmula "vida, liberdade e bens" ("*life, liberty, and estate*"[25]). Todavia, mesmo essa fórmula pode ser reduzida: a vida, a liberdade e os bens são, para Locke, igualmente propriedades. O indivíduo possui e pode dispor livremente de seu corpo, de sua força de trabalho, de sua liberdade e de seus bens (com a exceção notável de não poder ser escravizado: a escravidão é, *per se*, um estado de guerra[26]); isso significa que a totalidade do homem é propriedade[27], e que a manutenção da propriedade é a única função do Estado: "o governo não tem outra finalidade senão a preservação da propriedade"[28] por meio do estabelecimento de um arranjo jurídico que permita a segurança impessoal no exercício de todo tipo de comércio – da força de trabalho a bens específicos. Isto é: a sociedade política é, para Locke, essencialmente um arranjo

---

[25] *John Locke, Two Treatises of Government*, Second Treatise, VII, 87, p. 324.

[26] *Ibid.*, Second Treatise, IV, p. 283ss.

[27] "his property, that is, his life, liberty and estate" (*Ibid.*, Second Treatise, VII, 87, p. 324).

[28] "government has no other end but the preservation of property" (*Ibid.*, Second Treatise, VII, 94, p. 329).

de trocas, um arranjo econômico, em que o indivíduo se coloca, por um lado, como consumidor, e por outro como produto (desde que não seja escravizado nem escravize).

13. Em suma: o indivíduo, na filosofia de Locke, é uma espécie de sujeito autocentrado (pois voltado à realização de seus interesses particulares, sem um interesse necessário ou natural naquilo que interessa aos outros) em cuja mente as idéias se constituem; esse sujeito tem interesse em permanecer vivo, livre e dotado de bens, o que significa que busca manter a sua plena propriedade; em torno desse mesmo ponto, em função da manutenção da sua propriedade, a sociedade e o Estado se constituem. Os interesses do indivíduo são, ao menos em parte, racionais; a despeito de sua racionalidade, eles são diferentes dos interesses (também racionais) de outros indivíduos. O contrato social firmado entre os indivíduos, contrato que institui o Estado, regula as relações entre as diferentes individualidades. Essas relações são, em sua natureza mais simples, comerciais. Nesse sentido, a sociedade, o Estado, a família, a religião e todas as manifestações interpessoais são, primariamente, relações de comércio, relações de troca de propriedades – e de propriedades que recebem o seu valor de acordo com as experiências subjetivas de cada indivíduo. O indivíduo, base

do fundacionalismo moderno de um Descartes ou um Locke, é auto-referente: é um *indivíduo atômico*, centrado em si, que se conecta aos outros em função de seu benefício. Para ele, não há sentido no engajamento em relações sociais que resultem em prejuízo; é preciso maximizar os ganhos – de saúde e bem-estar, de liberdade, de bens, isto é: de propriedade. A metafísica do sujeito moderno, a metafísica do sujeito no contexto propriamente liberal, é uma metafísica da primazia do indivíduo diante do real (um real que, em última análise, é uma idéia no próprio indivíduo) e, portanto, de toda a sociedade (uma sociedade que é também uma idéia). Trata-se da soberania metafísica do indivíduo: ao constituir-se, o sujeito constitui o mundo. Esse solipsismo teórico requer, todavia, precauções práticas, equivalentes às da "moral provisória" cética de Descartes[29], calculada para que se obtenha a maior vantagem e o menor dano nas relações sociais em uma circunstância de ceticismo.

14. No limite, o fundacionalismo moderno conduz o indivíduo à progressiva independência de todas a relações de pertencimento a uma religião, a uma classe, a uma família, ao menos se tomadas como relações necessárias; o indivíduo autocentrado relaciona-se com o seu meio social com o

[29] Descartes, *Discours de la méthode et essais*, pp. 22-31.

propósito de manter a sua autonomia do modo mais vantajoso; ele é um objeto mecânico encerrado em si mesmo no jogo mecanicista do mundo, *um átomo material submetido somente às suas próprias regras* – desde que, por precaução, não viole a propriedade dos outros participantes do jogo. Conquanto o meio – a sociedade, a educação, a cultura – interfira na formação das suas inclinações, é a *liberdade subjetiva* na criação de si mesmo, dos seus valores e dos seus conhecimentos que lhe é essencial. Enquanto age, o indivíduo não possui predeterminações: ele se autodetermina no processo de tornar-se idéia de si para si; ele constitui a sua identidade no momento em que se examina. Ora, o indivíduo define a sua identidade a partir de si torna-se parte de uma classe de um só: tanto mais será quem é, em sua singularidade, quanto mais atomizado for. Por conseguinte, à medida que ultrapassa a consciência grupal, à medida que abandona os valores religiosos e sociais, mais autêntico se torna. Os parâmetros de valor são cada vez mais auto-referentes: uma experiência tem tanto mais valor quanto maior for o seu poder de auto-descoberta, de auto-realização e de auto-satisfação. Solto no universo, rodopiando em torno de si mesmo, "señorito satisfecho"[30], o sujeito moderno é seu próprio criador – ao mesmo tempo em que é também o seu próprio

---

[30] Ortega y Gasset, "La época del señorito satisfecho", *In*: *La rebelión de las masas*, p. 233-247.

consumidor, numa relação narcísica em que o *eu* é a fonte e o fim de todas as idéias, a fonte de tudo o que há para ser pensado.

15. Heráclito já percebia que tudo no mundo humano é dialético – e que a todo movimento corresponde um movimento contrário: "a estrada que sobe e a que desce é una e a mesma"[31]. Diante da metafísica do sujeito formulada por Locke, de um sujeito que é a condição da existência não somente do Estado, mas também da realidade (pois a realidade é uma idéia), e que contribui para a criação e a manutenção de uma certa ordem social enquanto age egoisticamente em benefício de seus interesses particulares, é preciso perguntar: *onde está o movimento dialético?* Ou: onde se esconde, no interior do complexo, o movimento contrário – o movimento que, em nome da autonomia e da preservação da propriedade, exige e constitui a heteronomia – e que, portanto, faz abrir mão, voluntariamente, da propriedade?

16. O fundacionalismo metafísico moderno estabeleceu, sobre um conceito específico de sujeito – um sujeito autônomo –, a sua base epistemológica e política. Esse sujeito fundador de todo o conhecimento e de toda a ação é dotado, em primeiro lugar, do poder do pensamento e da

---

[31] "ὁδος ἄνω κάτω μία και ὡυτή". Heráclito, fragmento B60. Diels, *Die Fragmente der Vorsokratiker*, p. 89.

razão; ele constrói o seu mundo – ou melhor: uma idéia de mundo – a partir das idéias obtidas sensorialmente; dado que as sensações já são internas, o sujeito não se relaciona com o mundo propriamente senão de modo indireto. Em busca da preservação da sua vida, da sua liberdade, dos seus bens – em suma: na linguagem lockeana, em busca da preservação da sua *propriedade* –, o indivíduo associa-se a outros indivíduos, igualmente motivados por auto-interesse, e igualmente temerosos uns dos doutros. Na ausência de um Deus vivo que organize o mundo, que oriente a vida política e que proteja os seus fiéis, os homens, amedrontados diante da possibilidade da morte, da escravidão e da pobreza, reúnem-se e criam as suas normas para ordenar as suas relações – normas que, na visão de Locke, devem resguardar sobretudo a propriedade. O contratualismo lockeano deriva diretamente da concepção de um homem-átomo, sem firmes amarras religiosas ou sociais, que visa somente à criação e à manutenção do seu direito *natural* de dispor da sua propriedade, o que inclui a si mesmo – num sentido próximo ao dado por Espinosa: *conatus sese conservandi primum et unicum virtutis est fundamentum*[32]. Todavia, quando a teoria política lockeana, fundada numa metafísica do sujeito atômico, é aplicada e realizada, submete-se à inevitável dialética dos

---

[32] Espinosa, *The Vatican manuscript of Spinoza's Ethica*, IV, Propositio 22, Corollarium, p. 246.

movimentos políticos – em que a ação tem como conseqüência dois resultados simultâneos, mas opostos; *a estrada que sobe e a que desce é una e a mesma.* O impulso em direção à autonomia e à liberdade impulsiona também à heteronomia e à restrição da liberdade; o esforço de autoconservação conduz igualmente à autodegradação.

17. Adorno e Horkheimer mostram, por exemplo, que os desenvolvimentos do processo de desencantamento do mundo, por meio da desmitologização e do controle da natureza, podem resultar na mitologização da ciência positiva. O progresso tecno-científico, cujo intento era o de libertar o homem da ignorância, da miséria e da opressão, acabou por criar um novo tipo de submissão: passamos a tomar a inevitabilidade do avanço da ciência e da técnica como artigo de fé, e dele tornamo-nos não somente dependentes como também, de certo modo, servos. "A humanidade, em vez de entrar em um estado verdadeiramente humano, afunda em um novo tipo de barbarismo"[33], um barbarismo no qual o homem torna-se instrumento para a sua coisificação:

---

[33] "humanity, instead of entering a truly human state, is sinking into a new kind of barbarism". (Max Horkheimer; Theodor Adorno, *Dialectics of Enlightenment: philosophical fragments*, p. XIV).

> No mundo esclarecido, a mitologia permeou a esfera do profano. A existência, cuidadosamente purificada de demônios e de seus descendentes conceituais, assume, em sua naturalidade, o caráter numinoso que as eras antigas atribuíam aos demônios. A injustiça social que emerge dos fatos brutos, justificada como algo eternamente imune à intervenção, é hoje considerada tão sacrossanta quanto era a proteção dos deuses em relação ao curandeiro. O preço da dominação não é somente a alienação dos seres humanos em relação aos objetos dominados; com a objetificação do espírito, as próprias relações dos homens foram enfeitiçadas, incluindo as relações de cada indivíduo consigo mesmo.[34]

Locke fundamentou o seu sistema filosófico – o seu *sistema do mundo* – numa epistemologia centrada no ato cognoscente e numa política centrada na busca da autoconservação do sujeito, simultaneamente produto e condição do mundo. Todavia, com o progresso da racionalidade tecno-

---

[34] "In the enlightened world, mythology has permeated the sphere of the profane. Existence, thorougly cleansed of demons and their conceptual descendants, takes on, in its gleaming naturalness, the numinous character which former ages attributed to demons. Justified in the guise of brutal facts as something eternally imune to intervention, the social Injustice from which those facts arise is as sacrosanct today as the medicine man once was under the protection of his gods. Not only is domination paid for with the estrangement of human beings from the dominated objets, but the relationships of human beings, including the relationship of individuals to themselves, have themselves been bewitched by the objetification of mind". (Max Horkheimer; Theodor Adorno, *Dialectics of Enlightenment: philosophical fragments*, p. 21).

científica o homem submete a sua existência a dispositivos técnicos: ao relógio, aos meios de transporte e, mais recentemente, como uma confirmação das teses de Adorno e Horkheimer, ao computador e ao celular – ou melhor, aos dispositivos relacionais do computador e do celular, que fazem com que esses aparelhos deixem de servir ao indivíduo, passando a ser por ele servidos, numa inversão do movimento relativo entre o homem e a técnica. Se, por um lado, o celular permite que nos contatemos em todos os lugares, por outro tornamo-nos menos livres, pois não mais temos o pleno direito de resguardar a nossa solidão; se, por um lado, podemos conversar com os nossos amigos pelas redes sociais, o que amplia e aprofunda as nossas relações próximas, por outro tornamo-nos adictos em relação ao aplicativo e deixamos de encontrar as pessoas nas ruas. Se, por um lado, podemos nos expressar diretamente a pessoas em todos os lugares do mundo, por outro ficamos sujeitos à censura e ao controle tanto pelos governos quanto pelas corporações. Se, por um lado, podemos mostrar as nossas fotos para todos os nossos conhecidos, por outro sentimo-nos obrigados a exibir fotos sorridentes, em lugares bonitos, cercados por luxo, como supomos que todos fazem. Se, por um lado, podemos ter a liberdade de comprar um novo aparelho celular, por outro não podemos escolher não o comprar: a propriedade de um celular é uma necessidade básica de nossa sociedade. O que nos liberta nos aprisiona; o que nos salva nos escraviza. Servidão recebe um novo nome: liberdade; adequação agora é sinônimo de sucesso; consumo é felicidade.

18. Estamos no *Brave New World* descrito por Aldous Huxley. No *admirável mundo novo*, John, o Selvagem, o filho natural – e, portanto, ilegítimo e escandaloso – de Linda e do Diretor, escuta de Mustapha Mond[35] que os avanços técnicos permitem à sociedade civilizada uma vida de paz, prazer, equilíbrio e riqueza, temperada pelo sexo livre e pela droga sintética. Isto é: uma sociedade perfeitamente bem ordenada em função da satisfação dos interesses dos indivíduos – uma sociedade, em suma, em que não há necessidade de violência, guerra, religião, paixões, ciúmes, crimes, e em que a punição pela desobediência é "um prêmio": é o exílio para as ilhas afastadas em que habitam os indivíduos excêntricos que não se adaptam ou não se conformam à norma. Ao ouvir a descrição detalhada do funcionamento perfeita-

[35] Aldous Huxley. *Brave New World*, caps. 16 e 17, pp. 146-160.

mente racional da sociedade, que permite que todos desfrutem do máximo conforto na vida, John retruca, mantendo o seguinte diálogo com Mustapha Mond:

> "Mas eu não quero conforto. Quero Deus, quero a poesia, quero o perigo real, quero a liberdade, quero o bem. Eu quero o pecado".
> "De fato", disse Mustapha Mond, "você está exigindo o direito de ser infeliz".
> "Então é isso", disse o Selvagem desafiadoramente, "eu exijo o direito de ser infeliz".
> "Sem mencionar o direito de ficar velho e feio e impotente; o direito de ter sífilis e câncer; o direito não ter quase nada que comer; o direito de ter piolhos; o direito de viver em constante apreensão quanto ao que possa acontecer amanhã; o direito de pegar febre tifóide; o direito de ser torturado por todo tipo de dores indizíveis".
> Houve um longo silêncio.
> "Eu exijo isso tudo", disse o Selvagem por fim.
> Mustapha Mond deu de ombros. "Como quiser", disse.[36]

---

[36] "But I don't want comfort. I want God, I want poetry, I want real danger, I want freedom, I want goodness. I want sin."
"In fact," said Mustapha Mond, "you're claiming the right to be unhappy."
"All right then," said the Savage defiantly, "I'm claiming the right to be unhappy."
"Not to mention the right to grow old and ugly and impotent; the right to have syphilis and cancer; the right to have too little to eat; the right to be lousy; the right to live in constant apprehension of what may

Mustapha Mond oferece a John a vida ordenada pela razão; uma vida regida pelos avanços da tecnologia, em que ninguém mais teria de sofrer por qualquer razão; um paraíso utilitarista em que todos desfrutariam, serenamente, de todos os prazeres da vida, sem a necessidade da dor, da tristeza e da angústia. E mais: um paraíso do qual poder-se-ia sair livremente, caso o indivíduo desejasse outro tipo de existência – o que seria uma loucura, na visão dos seus membros, mas uma loucura completamente aceitável. Afinal, nesse *admirável mundo novo* cada um seria livre para levar a sua vida como quisesse. De fato, o aspecto mais significativo da obra de Huxley é a sua ênfase no aspecto benéfico – e mesmo benévolo – do totalitarismo da razão. Como mostravam Adorno e Horkheimer, a razão instrumental, a razão científica, que inicialmente liberta o homem das superstições e dos mitos, pouco a pouco torna-se cada vez mais central, e assume uma posição indispensável na sociedade: não somente usa-se da razão para beneficiar a existência dos sujeitos, como também a existência dos sujeitos é utilizada em benefício da manutenção da centralidade da razão. Se, por um lado, a razão, tornada fenômeno de totalidade, protege

happen tomorrow; the right to catch typhoid; the right to be tortured by unspeakable pains of every kind." There was a long silence.
"I claim them all," said the Savage at last.
Mustapha Mond shrugged his shoulders. "You're welcome," he said. (Aldous Huxley. *Brave New World*, caps. 16 e 17, p. 160).

o homem de muitos perigos naturais e sociais, por outro lado impõe-lhe a obediência e a proteção, até o ponto em que a eventual recusa crítica à razão totalitária, a eventual defesa da autonomia radical do sujeito, é considerada como um sinal de desrazão. Em suma: em nome da liberdade, em nome da autonomia, aprendemos a desejar a tutela, a preferir a submissão, e a amar a desincumbência da responsabilidade sobre a nossa vida (e, por extensão, sobre a nossa morte).

19. Por isso, não é difícil supor que, diante de prováveis – ou mesmo inevitáveis – novas pandemias, fortaleçam-se movimentos sociopolíticos que, embora fundamentados em idéias democráticas e liberais, sustentam um tipo de sociedade do controle: movimentos que propõem uma ordenação jurídica que permita que o Estado, em nome da proteção da vida, da liberdade e dos bens dos indivíduos, colete e controle, de modo mais ou menos minucioso, por meio do acesso aos dados de uso voluntário de *gadgets* como celulares e *smartwatches*, os movimentos, as relações pessoais e as palavras de todos os indivíduos. Na verdade, isso já existe. Em nome da saúde e da segurança pública, por exemplo, o governo da Coréia do Sul passou, durante a pandemia de 2020, a dispor da capacidade de monitorar todos os seus cidadãos por meio eletrônico:

A Coréia do Sul conduziu investigações epidemiológicas extensas e rigorosas em relação aos casos de coronavírus. Esse processo incluiu entrevistas com pacientes e triangulação de múltiplas fontes de informação (como registos médicos, cartão de crédito e dados de GPS). Pesquisa realizada pelo *Institute for Future Government* em 2020 descobriu que 84% dos sul-coreanos aceitam a perda de privacidade em troca do benefício da saúde pública.[37]

Com o acesso e o controle de todos os dados privados dos cidadãos (inclusive, em tempo real, os dados de GPS), os governos afirmam poder evitar as aglomerações – que, em época de pandemia, amplificam a disseminação do vírus –, assim como interceptar todos os contatos pessoais realizados por quem tenha sido contaminado. A questão é que as mesmas informações que servem para proteger a sociedade em caso de pandemia podem ser utilizadas com finalidade política – para perseguir ou incriminar possíveis dissidentes. Esse risco foi apontado por Giorgio Agamben

[37] "South Korea conducted rigorous and extensive epidemiologic field investigations for coronavirus cases. This process included interviews with patients and triangulation of multiple sources of information (e.g., medical records, credit card and GPS data). The Institute for Future Government's survey in 2020 found that 84% of South Koreans accept the loss of privacy as a necessary tradeoff for public health security." (University of Colorado Denver. "What the rest of the world can learn from South Korea's COVID-19 response: Researcher investigates how South Korean policy enabled the country to flatten the curve without economic disaster." *ScienceDaily*. ScienceDaily, 10 August 2020).

em uma série de artigos publicados em 2020 e depois reunidos em livro[38]. A possibilidade do uso de uma situação pandêmica para o estabelecimento de um "estado de exceção" é uma de suas preocupações:

> A outra coisa, não menos inquietante que a primeira, que a epidemia torna evidente é que o estado de exceção, ao qual os governos nos habituaram há tempos, tornou-se realmente a condição normal. Houve, no passado, epidemias mais graves, mas ninguém havia jamais pensado em declarar, por isso, um estado de emergência como o atual, que nos impede até mesmo de nos deslocarmos. Os homens se habituaram de tal modo a viver em condições de crise perene e de perene emergência que parecem não se dar conta de que a vida deles foi reduzida a uma condição puramente biológica e perdeu qualquer dimensão não apenas social e política, mas até mesmo humana e afetiva. Uma sociedade que vive em um perene estado de emergência não pode ser uma sociedade livre. Nós vivemos de fato em uma sociedade que sacrificou a liberdade pelas assim chamadas "razões de segurança" e, por isso, está condenada a viver em um perene estado de medo e de insegurança.[39]

---

[38] Giorgio Agamben, *Reflexões sobre a Peste: Ensaios em Tempos de Pandemia*. Trad. Isabella Marcatti. São Paulo: Boitempo, 2020.
[39] *Ibid.*, p. 19.

Agamben já havia tratado do "estado de exceção" anteriormente[40] – a partir da análise da história dessa idéia desde o direito romano, com vistas "à urgência do estado de exceção 'em que vivemos'"[41]. Para Agamben, existem, no Estado, duas forças opostas – uma que *põe e institui*, e outra que *depõe e desativa*; o "estado de exceção" é o ponto de tensão dessas forças. Para Agamben, no contexto da pandemia de 2019-2022, o "estado de exceção", sempre uma possibilidade, foi atualizado como uma necessidade imperativa – com o apoio popular – para a maximização da segurança; todavia, como aponta, os riscos da manutenção desse estado não são irrisórios; eles ameaçam a liberdade política que é a condição da vida democrática.

20. Uma sociedade na qual a autoridade política pudesse conhecer toda a vida do indivíduo – os seus passos, a saúde do seu corpo, as idéias talvez detestáveis ou mesmo criminosas que dissemina na internet – decerto seria bastante segura. Nela, os sistemas de saúde pública poderiam ser gerenciados com a maior eficiência possível; os crimes violentos seriam virtualmente banidos, pois a sua autoria se-

---

[40] Giorgio Agamben, *Reflexões sobre a Peste: Ensaios em Tempos de Pandemia.*, *Stato di Eccezione,* Homo sacer, II, 1. Torino: Bollati Boringhieri, 2003.

[41] "nell'urgenza dello stato di eccezione 'in cui viviamo'" (*Id.*, *Stato di Eccezione*, p. 85.).

ria facilmente descoberta; seria inexistente a expressão pública de racismo e de homofobia. Sem dúvida, a troca da inviolabilidade da nossa privacidade pela promessa de uma vida com menos doenças, menos crimes e menos intolerância é tentadora. A sociedade imaginada no filme *Minority Report*[42] pode ser entendida como a melhor e mais racional utopia: uma sociedade perfeitamente pacífica para quase todos, em que a mera possibilidade antevista de alguém vir a cometer um crime é imediata e rigorosamente punida. Nessa sociedade, seríamos livres? Heracliticamente falando, seríamos simultaneamente muitíssimo livres e não o seríamos. A dialética da liberdade não é simples: se quisermos torcer um pouco o conceito de Benjamin Constant e Isaiah Berlin, podemos dizer que a nossa liberdade positiva, a nossa capacidade de viver em sociedade em segurança e paz, governados por nós mesmos, viria a estar, numa sociedade do *minority report*, maximizada; por outro lado, a nossa liberdade negativa, a nossa capacidade de agir sem nenhum conhecimento ou interferência do governo, estaria em tese anulada. Efetivamente, a dialética da liberdade é o tema *par excellence* da literatura distópica do século XX, que invariavelmente apre-

---

[42] *Minority Report*, Steven Spilberg, 2002.

senta o problema da compatibilidade ou da incompatibilidade entre a liberdade (positiva) de que se dispõe em um Estado bem ordenado e a liberdade individual (ou negativa) que se pode ter *a despeito do*, ou *contra o*, Estado. Em suma, a pergunta que se nos impõe é: num Estado bem ordenado, em que medida a liberdade do indivíduo pode ser preservada? E, em última instância, o que significa, de fato, a *liberdade*? Em certo sentido, as distopias literárias são, para algumas de suas personagens, utopias; trata-se da mesma dialética utopia-distopia que podemos encontrar nas discussões sobre a geopolítica, em que a utopia soviética, por exemplo, pode ser compreendida, a partir de outra perspectiva, como distopia – e a distopia soviética pode ser compreendida como utopia, a depender do lugar de onde se vê.

21. No *Brave New World* de Huxley, a questão é colocada em termos da dialética *civilização x natureza*: a civilização é o campo em que uma lógica utilitarista, estritamente racional, rege toda a sociedade – maximizando o prazer, o conforto, o bem-estar, e minimizando a dor, o desconforto, a angústia que existem na natureza. O totalitarismo do *bravo mundo novo* não é baseado na violência e no medo, mas na idéia do prazer e da liberdade: uma sociedade do controle na qual todos tivessem acesso a redes sociais, drogas lícitas,

esportes de massa, música popular e sexo seria perfeitamente tolerável, e mesmo desejável, por muitos. Nesse sentido, a distopia de Huxley talvez seja mais convincente que a descrita por George Orwell em *1984*, em que o controle estatal é exercido por meio da vigilância ostensiva, do controle direto das informações (inclusive com a deliberada reescrita dos registos históricos) e da restrição das relações íntimas entre as pessoas – quer em relação ao sexo, quer em relação à amizade. O próprio Huxley faz, posteriormente, essa avaliação, quando revê o contexto não somente de sua obra, mas também da obra de seu amigo Orwell, em *Brave New World Revisited*:

> *1984*, de George Orwell, foi uma projeção ampliada do futuro de um presente que continha o estalinismo, e cujo passado imediato havia testemunhado o florescimento do nazismo. *Brave New World* foi escrito antes da ascensão de Hitler ao poder supremo na Alemanha, e quando o tirano russo ainda não havia trilhado o seu caminho. [...] pode-se dizer que agora parece que as chances estavam mais a favor de algo como o *Brave New World* que de algo como o *1984*. À luz do que aprendemos recentemente sobre o comportamento animal em geral, e sobre o comportamento humano em particular, tornou-se claro que o controle através da punição de comportamentos indesejáveis é menos eficaz, a longo prazo, que o controle através do reforço de comportamentos desejáveis por meio de recompensas, e que o governo pelo terror funciona, no geral, de

> modo pior que o governo pela manipulação não-violenta do ambiente e dos pensamentos e sentimentos de homens, mulheres e crianças individuais.[43]

Em outras palavras: o problema da vida no totalitarismo não é a vigilância constante; é ausência do contraponto hedonístico. Huxley percebera, antes de Orwell, que uma sociedade do controle necessita de uma dimensão de escape; é esse o pano de fundo do *Brave New World.* Uma sociedade do controle, ou uma sociedade em estado de exceção, que mantenha, e incentive, o domínio do desfrute do lúdico, do estético, do sexual, enquanto proteja a vida e os bens dos indivíduos, tem a possibilidade de ser não somente tolerada, mas desejada e defendida pela maioria.

22. Hobbes talvez tenha razão. O homem comum está bastante disposto a renunciar à sua privacidade, à sua

---

[43] "George Orwell's 1984 was a magnified projetion into the future of a present that contained Stalinism and as immediate past that had witnessed the flowering of Nazism. Brave New World was written before the rise of Hitler to supreme power in Germany and when the Russian tyrant had not yet got into his stride. [...] we can say that it now looks as though the odds were more in favor of something like Brave New World than of something like 1984. In the light of what we have recently learned about animal behavior in general, and human behavior in particular, it has become clear that control through the punishment of undesireable behavior is less effective, in the long run, than control through the reinforcement of desirable behavior by rewards, and that government through terror works on the whole less well than governmnent through the non-violent manipulation of the environment and of the thoughts and feelings of individual men, woman and children". (Aldous Huxley, *Brave New World Revisited*, pp. 4-5).

liberdade de ir e vir, à sua liberdade de pensamento em benefício da segurança: o homem

> está disposto, quando os outros estiverem também, a ir tão longe quanto julgar necessário para estabelecer a paz e a sua auto-defesa; a abrir mão do seu direito a todas as coisas; e contentar-se em agir, em relação aos outros homens, com a mesma liberdade que ele permitiria que os outros agissem consigo. Pois enquanto cada homem tivesse o direito de fazer o que quisesse, todos os homens estariam em condição de guerra[44].

Esse homem pensará: "não sou terrorista, homicida nem racista; minha vida é trabalho e lazer; nada tenho a temer diante do controle governamental da minha existência". Quem poderia reprová-lo? É possível mesmo antever que os que se opusessem a esse controle institucional da vida seriam, pela maioria, considerados obscurantistas, teóricos da conspiração ou mesmo criminosos. Quando isso acontecer, cada ato de intolerância registado, cada caso de violência

---

[44] "that a man be willing, when others are so too, as far-forth, as for peace, and defence of himself he shall think it necessary, to lay down this right to all things; and be contented with so much liberty against other men, as he would allow other men against himself. For as long as every man holdeth this right, of doing any thing he liketh; so long are all men in the condition of war". (Thomas Hobbes, *Leviathan*, XIV, 5, p. 87).

perpetrada contra outrem, cada homicídio consumado, talvez venha a ser atribuído à ignorância dos que se opõem ao monitoramento de tudo e de todos pelo Estado. Não é difícil supor que os críticos de um projeto dessa espécie – críticos que adotam idéias como as de Adorno e Horkheimer, Agamben, Huxley, Orwell – venham a ser tratados como esquisitões, como loucos, como terraplanistas, e enfim relegados à irrelevância por meio do processo que Noelle-Newmann chamou de "espiral do silêncio": devido ao temor de se isolar ao expressar posições consideradas inaceitáveis pela opinião pública, o indivíduo com idéias heterodoxas ou se cala, ou passa a sustentar, publicamente, posições convergentes com aquelas mais populares. A alternativa, no campo da cultura, diante do fato de que "uma grande parte das pessoas, provavelmente a grande maioria da geração mais jovem, aceita as visões patrocinadas pelo governo como verdade – senão de uma vez, pelo menos após certo tempo"[45], seria a adoção de uma técnica de ocultamento, de "escrever nas entrelinhas", como a descrita por Leo Strauss:

---

[45] "A large section of the people, probably the great majority of the younger generation, accepts the government-sponsored views as true, if not once at least after a time". (Leo Strauss, *Persecution and the Art of Writing*, p. 22).

> a influência da perseguição na literatura é precisamente o que leva todos os escritores que adotam visões heterodoxas a desenvolver uma técnica peculiar de escrita; a técnica que temos em mente quando falamos de escrever entre as linhas.[46]

A técnica do ocultamento é acessível aos intelectuais; por meio dela, pode-se escamotear posições, conceitos e argumentos não-conformistas sob um texto aparentemente conformista e, portanto, aparentemente inofensivo; deste modo é possível escapar à espiral do silêncio. Todavia, essa técnica sofisticada é inacessível à maioria dos indivíduos, àqueles que constituem a massa da comunidade política; a eles, resta a conformidade, o silêncio ou o exílio diante do controle dos seus contatos, das suas relações pessoais e das suas palavras pelo Estado, em nome da paz, da segurança e da saúde de todos os cidadãos.

23. No epítome do controle estatal do indivíduo, em certo sentido a sua existência será mais livre: uma sociedade sem tensões, sem crimes, sem ódio evidentemente é uma sociedade em que a vida pode ser vivida mais plenamente. O sujeito atômico, auto-referente, narcísico, interessado na

---

[46] "the influence of persecution on literature is precisely that it compels all writers who hold heterodox views to develop a peculiar technique of writing; the technique which we have in mind when speaking of writing between the lines" (Leo Strauss, *Persecution and the Art of Writin.*, p. 24).

proteção de sua vida, de sua liberdade – de uma certa liberdade –, de seus bens, pode conceber um Estado total como um benefício: sob um Estado do controle, pode-se viver uma vida mais segura, mais saudável, mais plena, e, por conseguinte, mais livre. Contudo, como tudo no mundo humano, essa liberdade é dialética: diante de algo que se ganha, algo também se perde. O que terá ele perdido quando isso tudo acontecer? O que terá perdido quando a totalidade da sua vida for institucionalizada? Terá então perdido uma faculdade sutil e invisível, uma faculdade que, em última instância, não se pode medir senão indiretamente (como no experimento de Stanley Milgram): terá perdido a sua autonomia. O indivíduo que a outrem voluntariamente cede a responsabilidade sobre si mesmo, sobre a sua vida, sobre a vida dos outros, infantiliza-se. Esse indivíduo acreditará no que lhe for dito. Sob as palavras de ordem escolhidas com cuidado, fará o que lhe for ordenado, oprimirá quem lhe for indicado. E na hora em que for escolhido para o sacrifício, marchará em direção à sua própria aniquilação com o coração emocionado, transbordando de amor patriótico. A feliz submissão a uma tirania tecno-científica de natureza benigna, que garantirá a saúde, o prazer, o conforto e a segurança a todos, parece mais ou menos inevitável. E quando isso acontecer, o indivíduo atômico, egocêntrico, interessado na manutenção da sua *propriedade*, finalmente terá, em vida, a sua *pax æterna*.

BIBLIOGRAFIA

AGAMBEN, Giorgio. *Stato di Eccezione*. Homo sacer, II, 1. Torino: Bollati Boringhieri, 2003.

_______. *Reflexões sobre a Peste: Ensaios em Tempos de Pandemia*. Trad. Isabella Marcatti. São Paulo: Boitempo, 2020.

AGOSTINHO. *De Magistro. De Vera Religione*. A cura del P. Domenico Bassi. Firenze: Edizioni Testi Cristiani, 1930 [388, 390]

_______. *Confessiones. Bekenntnisse*. Lateinisch-deutsch. Übersetzt von Wilhelm Thimme. Düsseldorf/Zürich: Artemis&Winkler, 2004 [397].

_______. *De Civitate Dei*. Liber XI, XXVI. Disponível online em: <https://www.thelatinlibrary.com/augustine/civ11.shtml> em 23 de dezembro de 2022 [426].

BERKELEY, George. *Principles of Human Knowledge and Three Dialogues*. Edited with an Introduction and Notes by Howard Robinson. Oxford: Oxford University Press, 1996 [1710].

BERLIN, Isaiah. *Liberty*. Edited by Henry Hardy. Oxford: Oxford University Press, 2002.

COPÉRNICO, Nicolau. *De revolutionibus orbium coelestium. Des révolutions des orbes célestes.* Traduit par Michel-Pierre Lerner et al. Introduction et notes de Michel-Pierre Lerner et al. Paris: Les belles lettres, 2015 [1543].

DESCARTES, René. *Discours de la méthode et essais.* Oeuvres de Descartes VI. Paris: Léopold Cerf, 1902 [1637].

______. *Meditationes de Prima Philosophia.* Oeuvres de Descartes VII. Paris: Léopold Cerf, 1904 [1641].

______. *Rationes Dei. II, Objetiones, Def. I.* <https://www.unicaen.fr/puc/sources/prodescartes/consult/descartes/Oeuvres/Oeuvres_Descartes/meditationes.xml/meditationes_reponse_2b>, em 23 de dezembro de 2022.

______. *Responsio ad II Objetiones, Def. II.* <https://www.unicaen.fr/puc/sources/prodescartes/consult/descartes/Oeuvres/Oeuvres_Descartes/meditationes.xml/meditationes_definitions>, em 22 de dezembro de 2022.

DIELS, Hermann. *Die Fragmente der Vorsokratiker.* Griechisch und Deutsch von Hermann Diels. Berlin: Weidmannsche Buchhandlung, 1912.

ESPINOSA, Bento. *The Vatican manuscript of Spinoza's Ethica.* Leiden/Boston: Brill, 2011 [1677].

HOBBES, Thomas. *Leviathan.* Edited with an Introduction and Notes by J. C. A. Gaskin. Oxford, New York: Oxford University Press, 1998 [1651].

HORKHEIMER, Max; ADORNO, Theodor. *Dialectics of Enlightenment: philosophical fragments.* Trad. Edmund Jephcott. Stanford: Stanford University Press, 2002 [1944].

Made in United States
Orlando, FL
27 May 2023

33410441R00036